Introducción

Los directores, gerentes y emprendedores tienen la enorme responsabilidad de hacer que las cosas sucedan, pero que además sucedan para el mayor bien, y sobre todo para la mayor parte de los involucrados en esos hechos.

La toma de decisiones puede formar parte de procesos de resolución de problemas, o de aprovechamiento de oportunidades. El influjo de las emociones, la falta de información, los propios intereses de los involucrados y muchos otros factores influyen en la toma de decisiones. Por ello la toma de decisiones está determinada por la forma de pensar de las personas involucradas en ese proceso.

El gran desafío es tener la capacidad de abstraerse de los influjos subjetivos o de las deficiencias que devienen de errores en la información disponible para la toma de decisiones, y tomar decisiones lo más racionales posibles, alineadas con objetivos previamente definidos, que a su vez respondan a decisiones estratégicas.

La manera de hacerlo es utilizando criterios cuidadosamente elaborados, que respondan a estrategias, las que, consideradas en la debida forma, tengan su peso en la decisión.

Este libro se escribe luego de un taller de Toma de Decisiones con Criterio, en el cual se presentaron los conceptos y las técnicas para elaborar criterios, sobre la base de los cuales se pueden emitir opiniones, realizar comparaciones, categorizaciones y tomar de decisiones. Forma parte de los cursos de www.skills21st.com

El propósito de este libro es explicar los patrones cognitivos propios del proceso de toma de decisiones que se producen inconscientemente, para que puedan ser aprendidos y posteriormente aplicados conscientemente. Asimismo, se contextualiza el proceso de toma de decisiones y se explican los sesgos que pueden producir los determinantes de los pensamientos de todas las personas que participan del mismo.

Uno de los principios que he aprendido que hacen la diferencia entre ser una persona normal y alguien con mayor desarrollo cognitivo, es vivir en "modo pregunta", es decir, preguntarse todo, todo el tiempo, como si ese fuera nuestro "sistema operativo". Como lo relataba en el libro "¿Por qué es la luna redonda?", cuando era pequeño mi padre tenía un campo donde criaba ganado vacuno. Había en él un personaje de apodo "Litre" que era quien lo reparaba todo: tractores, herramientas, instalaciones... Pero Litre era casi analfabeto, a diferencia de sus compañeros de trabajo, que habían estudiado todos al menos la escuela primaria, pero que no tenían esa capacidad. Desde chico me preguntaba cómo era eso posible. Más adelante lo comprendí. Una curiosidad fruto de algún estímulo que recibió, determinó otro estímulo e impulso en él: el de preguntarse todo, todo el tiempo. Al hacer funcionar su "sistema operativo" en el "modo pregunta", que no es más que el método creado por uno de los más grandes filósofos de la Antigua Grecia, Sócrates (470 a.C. – 399 a.C.), desarrolló su capacidad de pensar, comprender cómo funcionan los objetos, el mundo, y eso le llevó a desarrollar más inteligencia que sus compañeros de trabajo para reparar todo.

Es por ello que, fieles a la enseñanza Socrática, utilizamos en este trabajo una dinámica de preguntar todo, todo el tiempo, para producir en el lector los estímulos necesarios para llevarlo a decidir la instalación el él, del "sistema operativo modo pregunta".

El aporte de este libro es, por un lado, la explicación del proceso cognitivo que se lleva adelante para la Toma de Decisiones, y por el otro la aplicación de técnicas de elaboración de criterios para:

- emitir opiniones,
- efectuar comparaciones,
- hacer categorizaciones,

… para tomar decisiones.

Existe en la teoría de la toma de decisiones innumerables recursos: conocimientos y técnicas que contribuyen en el proceso de escoger entre varias alternativas. Recomendamos profundizar en su conocimiento, ya que todos pueden aportar significativamente a la mejora de la calidad de nuestras decisiones.

La metodología de presentación del libro se basa el método Socrático de hacer preguntas para que lector encuentre las respuestas por sí mismo… y desarrolle su capacidad de pensar. Recomendamos la lectura pausada y meditada de las preguntas, y ver las respuestas como opiniones. Todas las respuestas, aún las diferentes a las presentadas, son valiosas y dicen algo.

Esta entrega enmarcada en la serie que denominamos "Smart Management", es decir, "Gestión Inteligente", una serie de herramientas complementarias a las múltiples existentes, que aportan un enfoque nuevo, el de los procesos cognitivos que utilizamos inconscientemente, y que responden a técnicas básicas que configuran naturalmente nuestra manera de pensar.

Aplicando lo aprendido le hará encarar la necesidad de opinar, comparar, categorizar o decidir con absoluta normalidad, claridad y seguridad.

Les deseo buenas decisiones!

Ramón Maciel Rojas

¡¡¡Todo lo bueno, justo y bello viene de Él!!!!

Por lo que pudiera tener de alguno de éstos atributos...

Dedicado a todas las personas que han tomado malas decisiones, y por las que aún están pagando.

Muchas gracias a todos los que han aportado al libro:

A Belinda.

A mis hijos Gerardo, Osvaldo y Arturo.

A mi colega María Gloria Páez.

Al alma mater de www.skills21st.com, Fátima Miño.

Ramón Maciel Rojas

ÍNDICE

PRIMERA PARTE

¿Qué es decidir?

La necesidad de decidir	2
Problemas más comunes en la Toma de Decisiones	5
Estilos de Toma de Decisiones	9
Tipos de Decisores	12

SEGUNDA PARTE

¿Cómo defino criterios?

El Ciclo de la Toma de Decisiones con Criterio	14
Objetivo para la toma de decisiones	15
Aprendiendo a elaborar criterios	17
Tipos de características	22

TERCERA PARTE

La recolección de datos Juicio y opinión

La Recolección de Datos y el Ciclo de Toma de Decisiones.	26
Juicio u opinión	30

CUARTA PARTE

Alternativas

Alternativas	38

Comparación del valor de alternativas	41
Tabla de Decisión	45

QUINTA PARTE

Semejanzas y diferencias Categorizaciones

Semejanzas y diferencias	56
Categorizaciones	62
CONCLUSIÓN	71
BIBLIOGRAFÍA Y REFERENCIAS	72

PRIMERA PARTE
¿Qué es decidir?

La necesidad de decidir

¿Cuántas veces por día nos enfrentamos a la necesidad de tomar decisiones?

Pienso en las decisiones que tomé el día de ayer...

¿Cuáles fueron las más difíciles?

¿Cuáles fueron aquellas que las tomé casi automáticamente?

La persona se enfrenta usualmente varias veces en el día, al desafío de la toma de decisiones.

¿Cuándo el desafío de tomar decisiones tiene mayor impacto y trascendencia?

Fui a almorzar a un restaurante que ofrece el plato del día. Escogí el plato del día.

Durante la Segunda Guerra Mundial, los aliados tomaron la decisión de iniciar el desembarco en Normandía el 6 de junio de 1944...

¿A cuántas personas afectó la decisión? ¿Qué intereses se afectaron? ¿Qué consecuencias tuvo esa decisión?

La toma de decisiones tiene mayor impacto y trascendencia en la medida en que involucre a más personas y afecte en mayor medida sus intereses. Una decisión determina el curso de los hechos, que de no haber sido tomada de la manera en que la fue, produciría otros hechos diferentes, con consecuencias insospechadas.

La toma de decisiones, ¿está vinculada solamente con la resolución de problemas?

Voy al mercado a buscar tomates y zanahorias. No los encuentro...

Voy al mercado a buscar tomates y zanahorias. Encuentro una oferta de zapallos...

La resolución de problemas está vinculada tanto a la resolución de problemas, como al aprovechamiento de oportunidades.

En este libro sólo se aborda el proceso de la toma de decisiones, y se lo enmarca en el ciclo de Resolución de Problemas, sin entrar en detalles de este último.

Pero, ¿qué es decidir?

Es una resolución o determinación que se toma respecto a algo. En el ámbito de la Resolución de Problemas o del aprovechamiento de oportunidades, decidir es realizar una elección entre diversas alternativas, sean éstas aseveraciones o conceptos abstractos, u otros objetos como personas, otros seres vivos u objetos.

Problemas más comunes en la Toma de Decisiones

¿Qué problemas enfrentamos comúnmente en la toma de decisiones?

¿Tomamos las decisiones racional o emocionalmente?

En la elección de qué comer, opto por las papas fritas, porque me gustan.

En la elección de qué comer, opto por una ensalada de lechugas porque tienen pocas calorías.

En ocasiones tomamos las decisiones emocionalmente, y en otras racionalmente.

¿Tenemos claros los objetivos a la hora de tomar decisiones?

En la elección de qué comer, opto por las papas fritas, porque me gustan.

En la elección de qué comer, opto por una ensalada de lechugas porque tienen pocas calorías.

Nuestras elecciones pueden responder a impulsos o a objetivos tácitos o explícitos.

En el primer caso el objetivo es: *comer lo que me gusta.*

En el segundo caso el objetivo es: *comer lo que me aporta pocas calorías.*

Es necesario tener claros los objetivos que se buscan con el proceso de la toma de decisiones.

¿Tenemos cuidado en la búsqueda de la información suficiente y actualizada?

Ya no hay existencia de insumos para la fabricación del jarabe expectorante en el depósito principal de la empresa, por lo que decido suspender la producción de mañana.

Ya no hay existencia de insumos para la fabricación del jarabe expectorante en el depósito principal de la empresa. Consulto al área de compras si han realizado el pedido de insumos. Me responden afirmativamente y que los productos llegarían hoy en la tarde. Decido no suspender la producción de mañana.

Tomo las decisiones con la información disponible.

Tomo las decisiones rápidamente, pero me aseguro de haber agotado la búsqueda de todas las fuentes posibles de informaciones, y de que la información esté actualizada.

¿Intentamos percibir y comprender los intereses y expectativas de quienes tienen incidencia en la toma de decisiones?

Ambos candidatos a Gerente Administrativo obtuvieron el mismo puntaje. ¿Cuál habrá sido el interés del Directorio al decidirse por el candidato B? ¿Habrá tenido peso el hecho de que el candidato B es egresado de una universidad de mayor prestigio? ¿Habrá tenido peso la expectativa de que el candidato B logre mejores resultados?

Los intereses y expectativas tienen influencia en el proceso de toma de decisiones y es necesario considerarlos explícitamente.

¿Tenemos información de las posibles consecuencias de nuestra decisión?

En el Directorio de la empresa decidimos aceptar la renuncia de nuestro director ejecutivo, ya que pensamos incorporar una persona más joven, con ideas más innovadoras.

Cuando las instituciones financieras se enteraron del cambio de Director Ejecutivo, nos comunicaron que esperarán unos meses para la ampliación de las líneas de crédito a la empresa hasta que el nuevo director ejecutivo se afiance en la posición.

Es recomendable realizar un minucioso análisis de causa y efecto de las decisiones, antes de tomarlas.

¿Distinguimos los hechos de la percepción u opinión de los hechos? ¿Es un hecho o una opinión del hecho?

Es necesario evaluar seriamente el desempeño del supervisor de ventas del área C de la Ciudad de Buenavista. El hecho es que las ventas han disminuido en casi un 50%. Opinamos que se deben tomar medidas urgentes con el supervisor para evitar mayor caída de las ventas.

Recibimos la información de que el área C de la Ciudad de Buenavista se dividió en 2 partes, quedando al supervisor de ventas con sólo el 30% de sus clientes. Así se explica que su desempeño es aún mejor que el anterior.

Distinguir los hechos como son, de los hechos como los percibimos o como opinamos que son.

Estilos de Toma de Decisiones

¿Cuántos estilos de toma de decisiones existe?

La empresa debe decidir la creación de una nueva imagen corporativa que brinde el soporte a los nuevos productos que se irán lanzando.

El directorio de la empresa trabaja con una consultora especializada que releva todos los datos posibles con el nivel directivo de la empresa, que es quien en definitiva conoce más a fondo la empresa.

El directorio de la empresa trabaja con una consultora especializada que releva todos los datos posibles con empleados, clientes y proveedores, ya que todos pueden aportar al proyecto.

Un criterio para categorizar los estilos de toma de decisiones es el nivel de participación de los involucrados, que permite el responsable principal de la toma de decisión.

Si el criterio es el nivel de participación de los involucrados para la obtención de información, puede ser:

- parcial, consultando con algunos miembros del grupo o de la organización, o
- total, consultando con todos los miembros del grupo o de la organización.

Un criterio para categorizar los estilos de toma de decisiones es el nivel de participación de los involucrados, que permite el responsable principal de la toma de decisión.

Y la toma de decisiones, ¿cómo puede ser?

En el mismo ejemplo anterior de la empresa que debe decidir la creación de una nueva imagen corporativa, ya con los datos relevados, toma la decisión de la estrategia y el contenido del lanzamiento de la misma.

El directorio de la empresa realiza una encuesta entre los empleados de la empresa para decidir con base en el resultado de la misma, cómo será la estrategia y el contenido del lanzamiento de la nueva imagen corporativa.

Si el criterio es el nivel de participación de los involucrados para la toma de decisiones, puede ser:

- Parcial, o con la participación de algunos miembros del grupo o equipo, o
- Participativa, donde se toma una decisión con la participación de todos los miembros de un equipo o grupo de involucrados.

Tipos de Decisores

Juan Luis Urcolla Tellería en el libro *Dirigir personas en tiempos de cambio* Editorial ESIC, Madrid, 1999 presenta estos tipos de decisores:

- Impetuosos: Deciden a ciegas, por impulso.
- Intuitivos: Deciden por olfato.
- Gregarios: Buscan la seguridad en la mayoría.
- Indecisos: Son incapaces de tomar decisiones.
- Racionales: Se fundamentan en los hechos reales, en el análisis y en la interpretación correcta de los datos.

SEGUNDA PARTE
¿Cómo defino criterios?

El Ciclo de la Toma de Decisiones con Criterio

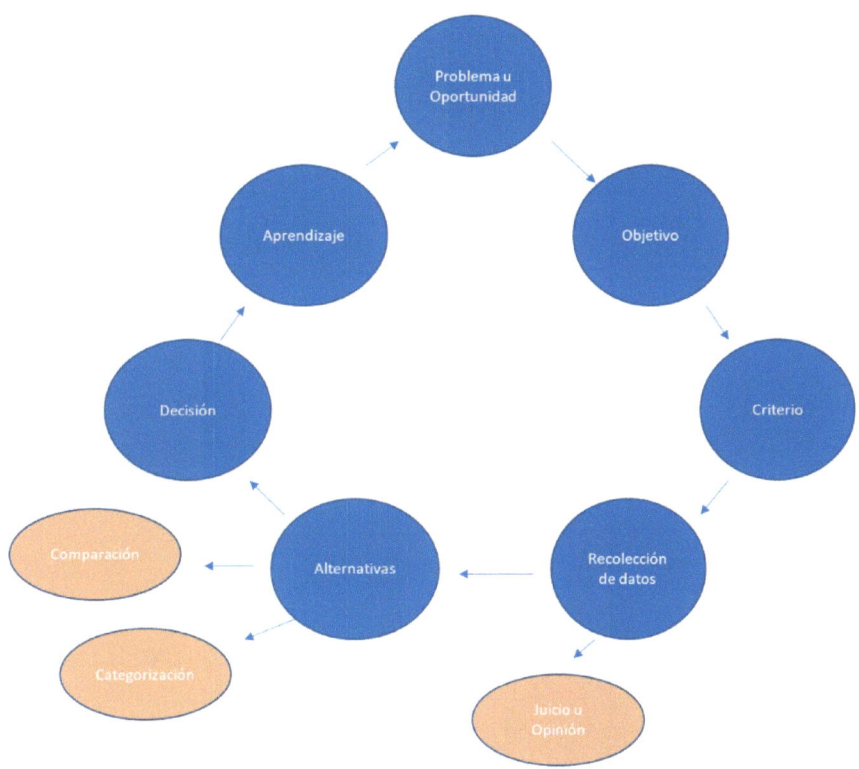

Habíamos explicado que el Ciclo de la Toma de Decisiones con Criterio puede formar parte de:

- un proceso de Resolución de Problemas
- el aprovechamiento de una oportunidad

Objetivo para la toma de decisiones

En este contexto, un objetivo es el propósito que se desea lograr, en un tiempo determinado y con los medios escogidos. Es también el ideal o la situación futura que se desea alcanzar.

Habíamos establecido que es necesario tener claros los objetivos que se buscan con el proceso de la toma de decisiones.

¿Qué buscamos con el proceso de la toma de decisiones?

¿Cuál es la razón por la cual debemos tomar una decisión?

¿Tenemos claro el objetivo que buscamos con el proceso de la toma de decisión?

La universidad está analizando la conveniencia de habilitar una nueva carrera en la especialidad de Odontología para fines del presente año. En ese cometido está previsto un plan de acción que incluye entre otras, la decisión de quien sería el decano de la carrera. La designación apunta a un joven profesional de reconocido prestigio, que atraiga hoy día a los estudiantes, ya que la universidad debe competir con otras de mucho prestigio.

La universidad está analizando el perfil de candidatos a desempeñarse como decano de la carrera de Odontología, vista la renuncia de quien por seis años y desde el inicio, se desempeñó en la posición. La mencionada carrera no ha sido posicionada entre las mejores, debido tal vez al perfil joven del anterior decano, que no ha logrado generar confianza y atraer a los estudiantes.

Antes de iniciar el proceso de la toma de decisiones es necesario definir claramente el objetivo al cual éste debe responder.

Aprendiendo a elaborar criterios

Una vez definido el objetivo que se busca con el proceso de la toma de decisión, para avanzar en el ciclo propuesto, se deben definir criterios, o las reglas para la toma de decisión.

En este contexto un criterio es una regla que se debe cumplir para emitir una opinión o elegir entre varias alternativas.

Tiene su origen en el vocablo griego "kritherion" = "juzgar".

Es el principio o norma según el cual se puede conocer la verdad, tomar una determinación, u opinar o juzgar sobre determinado asunto.

Supongamos que tengamos que decidir comer en el desayuno una manzana o una naranja, y que deseemos tomar una decisión racional.

Si nuestros objetivos pueden ser:

- tomar los nutrientes que necesitamos de una u otra fruta, o
- comer aquella fruta que más nos gusta

La elección del objetivo, ¿influye en los criterios o reglas que utilizaremos luego?

"Tenemos el interés de consumir una fruta en el desayuno. Estamos ante la posibilidad de tomar una naranja o una manzana, y nos hemos establecido como objetivo comer una fruta en el desayuno, que contenga la mayor cantidad de vitamina C para fortalecer nuestras defensas contra las enfermedades del invierno.

Sabemos que la manzana tiene un efecto astringente suave y la naranja contiene vitamina C, para fortalecer las defensas contra las enfermedades propias del invierno: resfríos, bronquitis, gripe".

Para decidir qué comer debemos utilizar criterios.

Entonces, **el primer paso** para definir criterios es tener previamente definido un objetivo.

Entonces nuestro **objetivo** es:

"comer una fruta en el desayuno, que contenga la mayor cantidad de vitamina C para fortalecer nuestras defensas contra las enfermedades del invierno".

A partir de este objetivo, ¿cómo elaboramos los criterios?

Identificamos el objeto de la decisión, que es *la fruta a consumir en el desayuno*.

Identificamos la regla o criterio para la decisión, que es *escoger aquella fruta que contenga la mayor cantidad posible de vitamina C*.

Identificamos la razón, para qué la decisión, que es *para fortalecer nuestras defensas contra las enfermedades del invierno.*

La regla o criterio para la decisión, *que contenga la mayor cantidad posible de vitamina C,* ¿a qué se refiere?

Se refiere a un **atributo o característica** de la fruta.

Entonces, los **criterios** para la decisión los elaboramos a partir de los **atributos o características** deseables del objeto de nuestra decisión, sean objetos, personas, hechos e ideas.

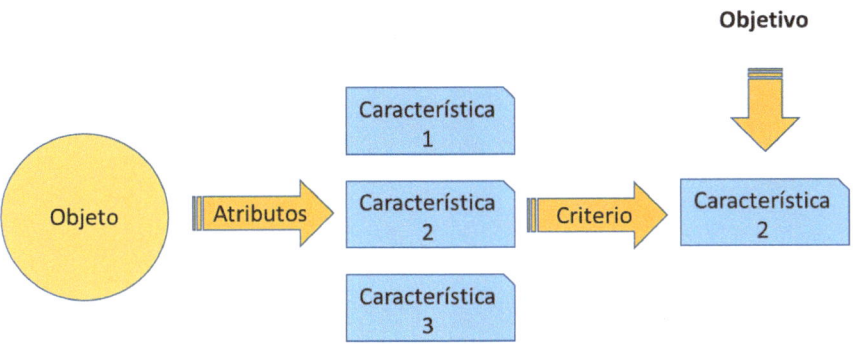

La fruta que decidamos comer en el desayuno debe cumplir con el criterio de aporte de la mayor cantidad de vitamina C, según nuestro objetivo de *"comer una fruta en el desayuno, que contenga la mayor cantidad de vitamina C para fortalecer nuestras defensas contra las enfermedades del invierno"*.

Entonces, la característica del *contenido de vitamina C* es el principal criterio para decidir qué fruta comer en el desayuno.

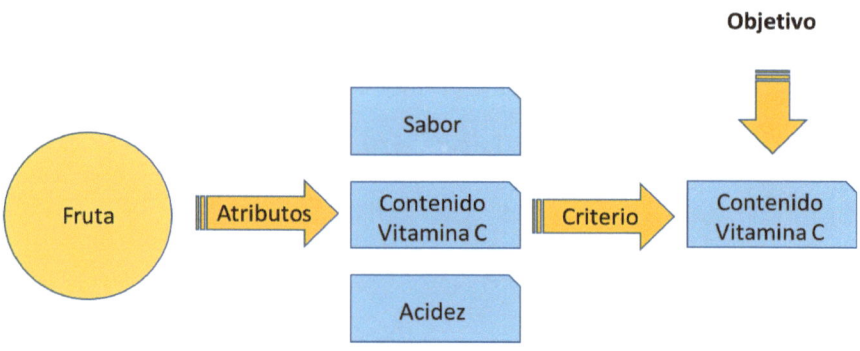

Entonces, **¿cuál es la regla para elaborar criterios?**

Para elaborar criterios en la toma de decisión, a la luz del objetivo deseado, se analizan los atributos o características de los objetos que serán considerados, se escogen aquellas características, que se transforman en criterios.

Tipos de características

Pero, ¿qué tipo de características se pueden encontrar en un objeto, persona, hecho o idea?

Luego de los estudios de mercado y de un año de investigación, finalmente la empresa Todobelleza tiene listo un nuevo jabón de tocador dirigido a las personas adultas mayores. El directorio de la empresa debe escoger entre dos campañas de lanzamiento del nuevo jabón de tocador, para lo cual se definen criterios que respondan al objetivo.

Las características de la campaña que serían los criterios de decisión son:

- *Propias del ser de una campaña, estrategias y su efectividad para lograr el alcance previsto y la decisión de compra del cliente.*
- *Medios utilizados, considerando la preferencia de las personas adultas mayores y el mayor alcance.*
- *Mensaje, considerando las particularidades de la manera de comunicar a las personas adultas mayores.*

- *Personajes de la campaña, considerando que deben ser significativos para el público meta.*
- *Costo, considerando el presupuesto disponible de 1.5 millones de dólares*
- *Oportunidad, considerando el momento del año en que es más oportuno lanzarlo.*
- *Aliados, considerando a los posibles socios en la campaña.*
- *Coordinación con las demás campañas de la propia empresa.*

¿En términos de la naturaleza de estas características, que diferencia a las cinco primeras de las tres últimas?

¿Cuáles se refieren a características propias de los elementos que conforman la misma campaña y cuáles a las condiciones externas?

Se pueden distinguir **dos tipos de características**:

- **Intrínsecas:** aquellas propias del objeto analizado, su causa-efecto, su proceso, sus componentes y de su ser.
- **Extrínsecas:** aquellas que vinculan al objeto analizado con el medio o el entorno.

Dependiendo del objetivo, los criterios que serían elaborados podrían ser intrínsecos, extrínsecos o podrían considera elementos de ambos tipos.

TERCERA PARTE
La Recolección de Datos.
Juicio y opinión.

La Recolección de Datos y el Ciclo de Toma de Decisiones

La Recolección de Datos **se da a lo largo del proceso de la toma de decisiones**, partiendo del inicio, cuando se identifican un problema o una oportunidad que requieren de decisión.

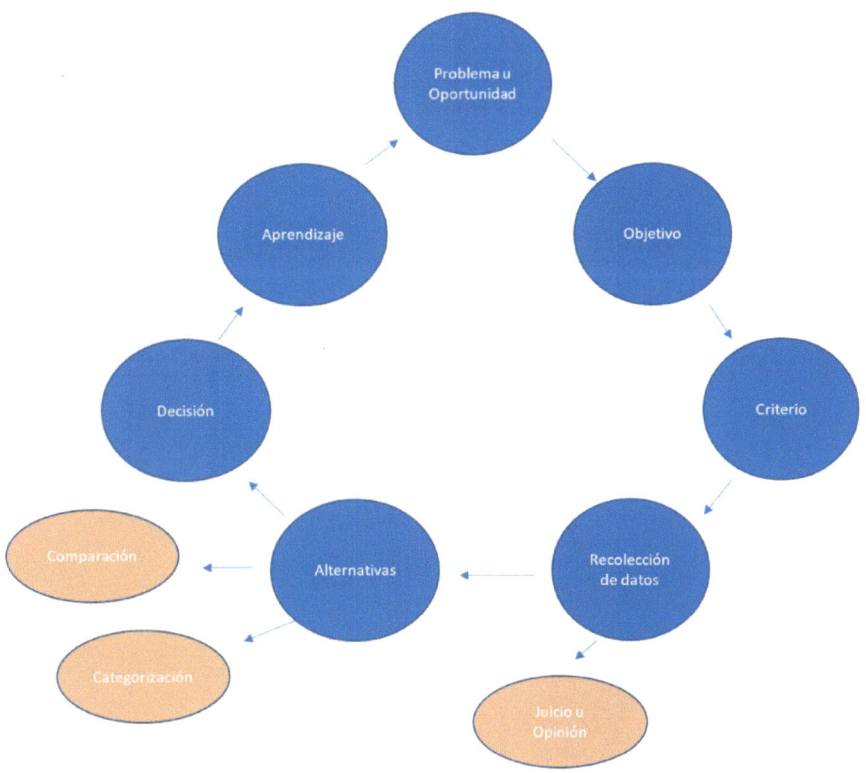

¿Es importante tener la mayor cantidad y mejor calidad de información posible?

El departamento de compras de la empresa tiene la necesidad de adquirir de un proveedor, al mejor precio posible y en la brevedad, la urea para su venta como fertilizante. Un fabricante de los insumos envía una cotización con el precio habitual, por lo que se toma decisión de adquirirlo.

El departamento de compras de la empresa tiene la necesidad de adquirir de un proveedor, al mejor precio posible y en la brevedad, la urea para su venta como fertilizante. Un fabricante de los insumos envía una cotización con el precio habitual. El responsable del departamento indica la búsqueda de otros fabricantes de insumos, y provee de un catálogo de productos que remitió un proveedor desconocido para la empresa.

Es necesario prestar atención para tener la mayor cantidad y la mejor calidad de información posible.

¿Es importante verificar la fuente de esos datos?

El departamento de compras de la empresa tiene la necesidad de adquirir de un proveedor, al mejor precio posible y en la brevedad, la urea para su venta como fertilizante. El fabricante de los insumos envía una cotización con el precio habitual. El responsable del departamento indica la búsqueda de otros fabricantes de insumos, y provee de un catálogo de productos que remitió un proveedor desconocido para la empresa. En la búsqueda de información del proveedor desconocido, se constata que es un proveedor falso, con denuncias de estafa a compradores incautos.

¿Se deben tener en cuenta el objetivo y los criterios para la recolección de datos?

En el ejemplo anterior, el objetivo puede ser enunciado como:

El departamento de compras de la empresa tiene la necesidad de adquirir de un proveedor, al mejor precio posible y en la brevedad, urea para su venta como fertilizante.

Analizando el objetivo definimos las variables de las cuales se recolectarán datos:

- *Precio de la última compra como referencia.*

- *Lista de posibles proveedores de urea, con sus datos completos.*
- *Antecedentes de un posible proveedor cuyos datos nos llegaron.*
- *Antecedentes de todos los proveedores para confirmar su seriedad.*
- *Contenido de Nitrógeno*
- *Precio ofrecido por cada proveedor*

¿Cuál es el objeto de nuestra decisión?

- *La urea para uso como fertilizante.*

¿Cuáles son los atributos o características deseables de la urea para uso como fertilizante que se transformarán en criterios para la decisión?

- *Contenido de Nitrógeno: igual a 46%*
- *Precio: menor o igual al precio de la última compra*

Se procede a recolectar los datos indicados, de todas las fuentes confiables posibles. **A mayor**

número de datos recolectados, mejor calidad de decisión.

Juicio u opinión

El objetivo, los criterios y datos recolectados pueden ser utilizados para:

- Emitir una opinión sobre personas, objetos, hechos o ideas.
- Comparar dos o más personas, objetos, hechos o ideas.
- Categorizar dos o más personas, objetos, hechos o ideas, clasificarlos o agruparlos.
- Tomar una decisión o escoger entre varias alternativas.

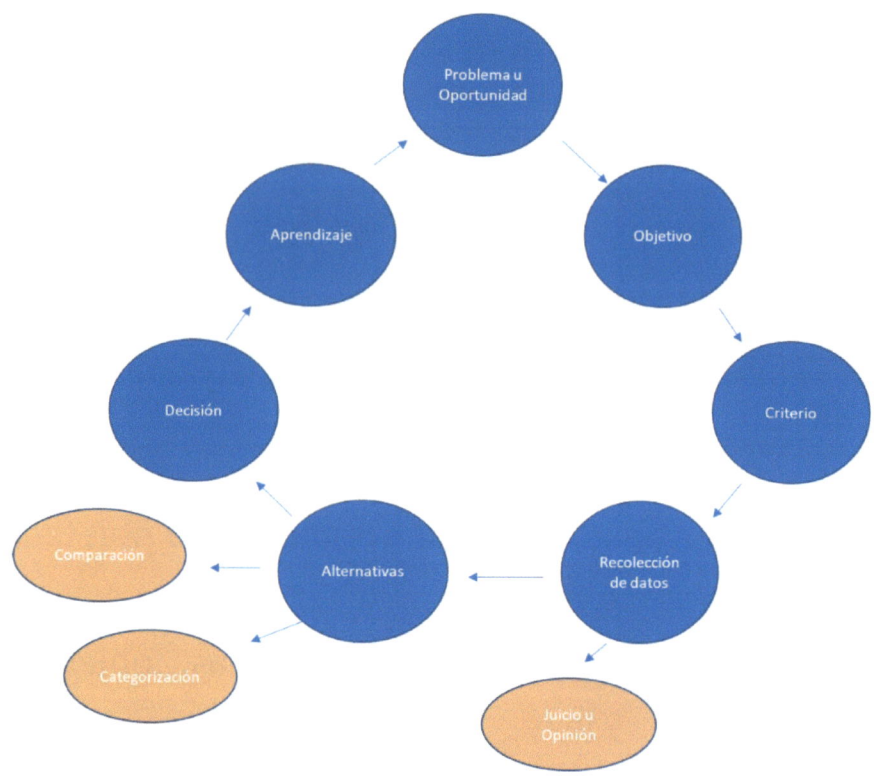

¿Qué diferencia existe entre un juicio y una opinión?

- Un juicio es un pensamiento en el que se afirma o se niega algo de algo. Es comprobable.
- Una opinión es un concepto o idea que una persona tiene acerca de algo o alguien. Es una manera de interpretar la realidad.

¿Cómo un objetivo, criterios y datos recolectados se pueden utilizar para emitir una opinión?

Objetivo: *Nuestra industria de snacks necesita seleccionar y contratar para dentro de 30 días a una persona para cubrir la vacancia de Gerente Comercial.*

Hemos perdido en los últimos dos años casi un 20% de porción del mercado debido al ingreso de un competidor fuerte. Consideramos que ese resultado es en gran medida debido a la "cultura organizacional" instaurada por el último Gerente Comercial. Si bien los vendedores y supervisores están muy comprometidos, ninguno de ellos tiene el perfil para ser promovido.

Consideramos que la formación universitaria en mercadeo y ventas es excluyente y sería deseable que pueda tener un estudio de posgrado.

En cuanto a la experiencia desearíamos que tuviera al menos 5 años de experiencia de trabajo en el terreno, habiendo contactado con clientes para cerrar ventas.

Es importante su presencia y su buena capacidad de relacionamiento con los clientes de la empresa, sobre todo con los grandes compradores como las cadenas de supermercados.

Es necesario que pueda tener la capacidad de liderar el equipo humano de la Gerencia Comercial. Esa tarea no será fácil considerando que será una persona extraña y que algunos empleados aspiraban a ocupar la Gerencia Comercial. Habrá que tener firmeza, pero empatía.

Es necesario además que el nuevo Gerente Comercial tenga la capacidad de proponer estrategias innovadoras, las que sumadas a un trabajo con mucho esfuerzo, disciplina y tenacidad puedan lograr el resultado que se espera de recuperar la porción del mercado perdida.

Siguiendo la regla, a partir de estas características y atributos se definen los Criterios de Decisión: *El perfil deseado está dado por las siguientes características y atributos.*

- *Edad de entre 35 y 40 años.*
- *Formación universitaria en mercadeo y ventas.*
- *Experiencia mínima de 5 años en trabajo de ventas.*
- *Buena capacidad de relacionamiento con los clientes*

- *Capacidad de liderar el equipo humano de la Gerencia Comercial.*
- *Capacidad de proponer estrategias comerciales eficaces*
- *Disposición a asumir retos difíciles*

Datos recolectados de la documentación presentada y de tres entrevistas: *Uno de los candidatos seleccionados es la Señorita Cristina González, de 37 años de edad. Es Licenciada en Mercadeo y Ventas. Soltera. Trabajó 5 años como vendedora de una línea de cosméticos. Posteriormente fue 3 años supervisora de ventas de una importadora de productos de higiene bucal. Hace 2 años está como supervisora de ventas de una distribuidora de productos de limpieza. "Su trato con los clientes es afable, aunque sus subordinados se quejan de su trato…", dijo de ella su último jefe. Reconocida por su tenacidad y su perseverancia.*

Opinión:

La Señorita Cristina González tiene la edad y la formación universitaria en la especialidad requerida de mercadeo y ventas.

Tiene además la experiencia suficiente en ventas, y en posiciones de liderazgo intermedio. Luego de 5 años de experiencia de venta directa, ya fue promovida como supervisora, nivel en el que permanece.

Tiene buena capacidad de relacionamiento con los clientes, a lo que se suma su trato afable. Esta condición es necesaria para volver a conquistar a los clientes perdidos y atraer a los nuevos, considerando que se esperaría de ella un gran esfuerzo de reconquistar a las grandes cadenas de supermercados, clientes que además de ser atendidos por vendedores, son visitados también por el Gerente Comercial.

Suma 5 años de experiencia de trabajo como supervisora de ventas, que, si bien no es una posición del nivel de la Gerencia Comercial, le da los conocimientos y las habilidades que necesitaría en la posición. Es importante la experiencia que tiene de trabajar con productos de consumo masivo, a pesar de ser de un rubro diferente al que ella está acostumbrada a trabajar.

Tendría condiciones de liderar el equipo humano de la Gerencia Comercial, a pesar del trato que suele dispensar a sus subordinados. Es necesario saber si el trato del que se quejan sus subordinados es debido a su exigencia en el cumplimiento de las metas o si es un trato que pueda llegar a ser denigrante. La empresa tiene un equipo de vendedores muy experimentado, aunque desmotivado por los magros resultados.

En la entrevista demostró tener condiciones de proponer estrategias comerciales que tengan mayor eficacia en los resultados de ventas, debido principalmente al tipo de productos que ha vendido, todos de consumo masivo como los snacks que se desean vender. Si bien su experiencia ha sido la de supervisora, habría tenido participación en la implementación de diversas estrategias de ventas.

En cuanto a la capacidad de asumir retos difíciles, parece una mujer con mucha templanza, persistente, tenaz y ambiciosa.

Con base en los criterios señalados, es nuestra opinión que la Señorita Cristina González cumple con el perfil para el desafío de recuperar la porción del mercado perdida.

El objetivo, los criterios y los datos disponibles permiten emitir opiniones alineados a ellos.

CUARTA PARTE
Alternativas

Alternativas

La Recolección de Datos permite disponer de la mayor cantidad y calidad de alternativas para una buena toma de decisiones.

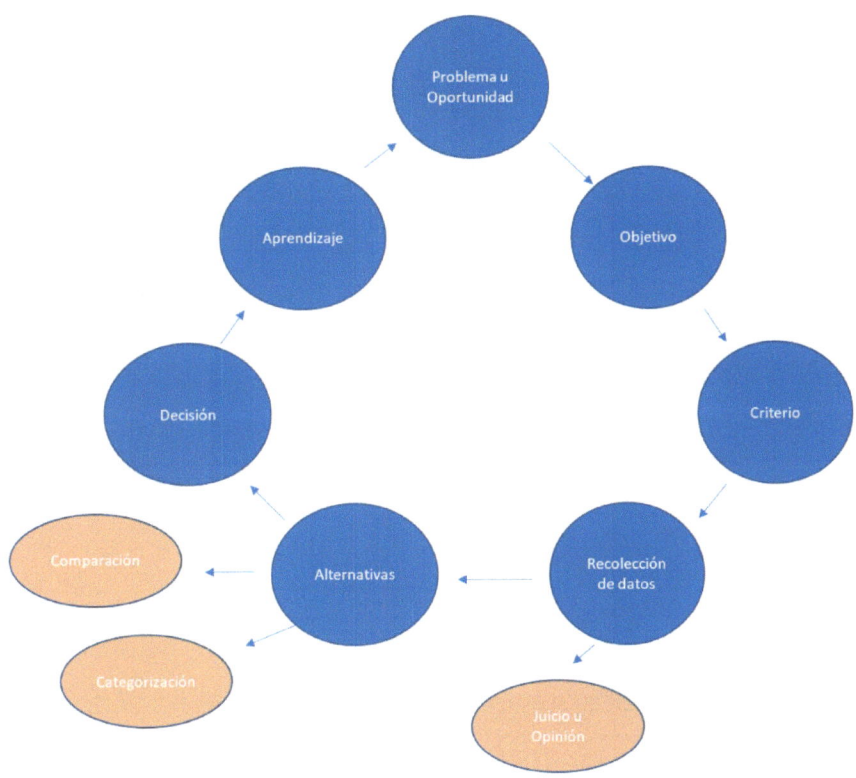

Las alternativas, ¿se crean o ya existen?

Para la participación de nuestra empresa fabricante de muebles de madera en la feria especializada de Nuevos Aires, dentro de 9 meses, contamos con dos opciones, una de un stand de 30 m2, y otra de uno de 45 m2. La diferencia de precios no es muy significativa debido a que el de 30 m2 está en un lugar muy visible y transitado, y el de 45 m2 está en un lugar un poco más retirado.

En el caso de que las alternativas ya existan, el proceso de selección y decisión es más simple.

Hemos encargado la preparación de dos alternativas de equipamiento para el stand de nuestra empresa fabricante de muebles de madera que participará en la feria especializada de Nuevos Aires el próximo mes. El stand tendrá 30 m2 y necesitamos el destaque de nuestro producto estrella, un escritorio de madera de reforestación, transformable en una mesa de reuniones.

Las alternativas también pueden requerir ser elaboradas. Para ello es necesario tener a la vista el objetivo y los criterios que se tendrán en cuenta para su posterior selección y decisión.

Entonces, dependiendo del objetivo y los criterios, las alternativas pueden:

- existir y ser escogidas, o
- ser creadas.

Una vez disponibles las alternativas, ¿cómo analizar si las consideraremos?

- *La proposición de la alternativa, ¿es verdadera o falsa?*
- *¿Contribuye al objetivo establecido?*
- *¿Está disponible y qué supuestos deben darse para ello?*
- *¿Es viable de ser considerada desde todo punto de vista (legal, práctico, económico, y consideraciones subjetivas)?*

Una vez escogidas o creadas, las alternativas podrían requerir ser comparadas.

Comparación del valor de alternativas

Teniendo a la vista el objetivo de la selección, y los criterios para hacerlo, se podría requerir la comparación de las alternativas.

Volvamos al ejemplo anterior de la industria de snacks que necesita seleccionar y contratar en 30 días a una persona para cubrir la vacancia de Gerente Comercial, y para el cual ya se había analizado la postulación de la Señorita Cristina González.

En el mismo caso, otro de los seleccionados es el Señor Pablo Gómez, de 36 años de edad. Es Licenciado en Marketing y Master en Administración de Empresas. Está casado y tiene 1 hijo. Se inició como vendedor de una concesionaria de automóviles donde trabajó 5 años. Está trabajando hace 3 años como asistente de gerencia comercial de una multinacional de productos de consumo masivo del rubro de alimentos. En ese carácter asiste a los vendedores que concurren a las reuniones de coordinación y les brinda su apoyo para hacer efectivas las ventas. Atiende a los clientes con dificultades para ayudarles en la solución de sus reclamos. Es empático, jovial y reconocido por su afabilidad con sus compañeros. Su jefe indica que ese relacionamiento no le permite tener mucha ascendencia sobre las personas que dependen de él.

Criterios de selección: *El perfil deseado está dado por las siguientes características o atributos.*

- *Edad de entre 35 y 40 años*
- *Formación universitaria en mercadeo y ventas.*
- *Experiencia mínima de 5 años en trabajo de ventas.*
- *Buena capacidad de relacionamiento con los clientes*
- *Capacidad de liderar el equipo humano de la Gerencia Comercial.*
- *Capacidad de proponer estrategias comerciales eficaces*
- *Disposición a asumir retos difíciles*

Opinión:

El Señor Pablo Gómez tiene la edad y la formación universitaria en la especialidad requerida de mercadeo y ventas, a lo que suma una Maestría en Administración de Empresas que le suma conocimientos interesantes para desempeñarse en la posición de Gerente Comercial.

Tiene además los 5 años requeridos de experiencia en ventas, y su experiencia en la Gerencia Comercial le da buenos conocimientos y experiencias para desempeñarse en la posición.

Tiene buena capacidad de relacionamiento con los clientes, y tuvo a su cargo la resolución de sus problemas. Esta condición es importante para trabajar con cada uno de los clientes que se deben recuperar, y sobre todo con las grandes cadenas de supermercados, a los que se debe atender en forma deferente.

Suma 3 años de experiencia de trabajo como asistente de la Gerencia Comercial, lo que le da los conocimientos y las habilidades que necesitaría en la posición. Es importante la experiencia que tiene de trabajar con productos de consumo masivo del mismo rubro de la empresa.

Tendría condiciones de liderar el equipo humano de la Gerencia Comercial, y sus antecedentes indican que tiene muy buen trato con sus compañeros de trabajo. Sin embargo, hay que considerar las causas por las cuales no puede tener ascendencia sobre sus subordinados.

El candidato podría tener condiciones de proponer más adelante estrategias comerciales que tengan mayor eficacia en los resultados de ventas, considerando que trabajó para una empresa del mismo rubro y en una posición en la cual tuvo acceso a sus estrategias comerciales. En la entrevista sin embargo sus propuestas fueron más bien convencionales.

En cuanto a la capacidad de asumir retos difíciles, se considera que tiene condiciones, aunque su inconstancia podría conspirar contra la necesidad de exigir al equipo de la Gerencia Comercial, al quitarle autoridad.

En los casos presentados de los candidatos para acceder al cargo de Gerente Comercial, cada uno tiene cualidades que se ajustan a las características requeridas.

Entonces, para comparar objetivamente a los candidatos, ¿de dónde se desprenden los criterios?

Los criterios para realizar una comparación se desprenden de las características propias de las personas, objetos o ideas, de las que se desea analizar las semejanzas y diferencias.

Tabla de Decisión

Una manera práctica de comparar dos alternativas es utilizando una Tabla de Decisión.

¿Cómo construir la Tabla de Decisión?

a. **Objetivo**

Siguiendo el caso anterior, el objetivo es: *Nuestra industria de snacks necesita seleccionar y contratar para dentro de 30 días a una persona para cubrir la vacancia de Gerente Comercial.*

b. Criterios

Siguiendo la regla, las **características** se transforman en **criterios** de decisión.

Para facilitar la comparación de las alternativas se puede utilizar una matriz cuya primera columna serán las características que constituyen los criterios para la evaluación de cada una.

CRITERIOS DE DECISIÓN
Características
Edad de entre 35 y 40 años
Formación en mercadeo y ventas
Experiencia de 3 años en ventas
Capacidad de relacionamiento con clientes
Capacidad de liderar el equipo de la Gerencia Comercial
Capacidad de proponer estrategias comerciales eficaces
Disposición a asumir retos difíciles

¿Es recomendable el mayor nivel de precisión posible de cada característica?

Sí. El mayor nivel de precisión y detalle facilita posteriormente la evaluación de cada alternativa y su posterior comparación.

Se valoran los criterios, dando un peso relativo máximo a cada uno, distribuyendo 100 puntos entre ellos.

CRITERIOS DE DECISIÓN	
Características	Peso relativo máximo
Edad de entre 35 y 40 años	*10*
Formación en mercadeo y ventas	*10*
Experiencia de 3 años en ventas	*15*
Capacidad de relacionamiento con clientes	*15*
Capacidad de liderar el equipo de la Gerencia Comercial	*15*
Capacidad de proponer estrategias comerciales eficaces	*15*
Disposición a asumir retos difíciles	*20*
Total de puntos	*100*

Analizadas las características que se utilizarán como criterios, éstas pueden tener el mismo nivel de importancia, aunque también pueden tener valoraciones diferentes.

En el ejemplo, *"disposición a asumir retos difíciles"* tiene el mayor peso relativo porque se considera el criterio de decisión de mayor importancia, más que la formación y la experiencia.

Pero, ¿cómo se evalúan cada una de las alternativas utilizando los criterios y su peso relativo máximo?

¿Tiene la misma valoración la formación universitaria que una maestría en la especialidad de ventas?

Es condiciones para asignar las valoraciones se plasman en una Regla.

c. Regla

Se elabora una **Regla** para la asignación de los puntajes a los candidatos cuyos perfiles serán comparados.

1. *Asignaremos el 100% de los puntos a los candidatos que tengan entre 35 y 40 años.*

Asignaremos 50% de los puntos a los candidatos que estén fuera de ese rango de edad.

2. *Asignaremos el 50% de los puntos a los candidatos con formación universitaria en mercadeo y ventas, y el 100% a los que tengan estudios de posgrado.*
3. *Asignaremos el 100% de los puntos a los candidatos que tuvieran al menos 5 años de experiencia de trabajo como vendedor. Asignaremos 50% a los que tuvieran menos de 5 años. Por la edad requerida no es indispensable que tenga más de 5 años de experiencia de trabajo como vendedor.*
4. *Es importante su presencia y su buena capacidad de relacionamiento con los clientes de la empresa, sobre todo con los grandes compradores como las cadenas de supermercados. Es indispensable. Comparando a los candidatos, asignaremos el 100% a quien demuestre ser más empático y 50% al siguiente.*
5. *Es necesario que pueda tener la capacidad de liderar el equipo humano de la Gerencia Comercial para lograr que se comprometa con el objetivo. Comparando a los candidatos, asignaremos 100%*

de los puntos al que demuestre tener más dotes de liderazgo, y 50% al siguiente.
6. *Comparando a los candidatos, asignaremos el 100% de los puntos a quien tuviera la capacidad de proponer las estrategias más innovadoras y viables que permitan recuperar la porción de mercado perdida, y 50% al siguiente. La competencia es sumamente agresiva en sus estrategias comerciales.*
7. *Comparando a los candidatos, asignaremos el 100% de los puntos a quien demuestre tener condiciones de su personalidad que le permitan asumir el reto de recuperar la porción del mercado perdida, y 50% al siguiente.*

d. Valorar cada opción

Teniendo a la vista:

- El objetivo
- Las características transformadas en criterios
- El valor relativo de cada característica

- La regla para valorar las características de cada opción,

... se procede a valorar cada opción.

CRITERIOS DE DECISIÓN		Cristina González		Pablo Gómez	
Características	Peso relativo máximo	Valoración	Puntaje	Valoración	Puntaje
Edad de entre 35 y 40 años	10	100%		100%	
Formación en mercadeo y ventas	10	50%		100%	
Experiencia de 5 años en ventas	15	100%		100%	
Capacidad de relacionamiento con clientes	15	100%		100%	
Capacidad de liderar el equipo de la Gerencia Comercial	15	50%		100%	
Capacidad de proponer estrategias comerciales eficaces	15	100%		50%	
Disposición a asumir retos difíciles	20	100%		50%	
Total de puntos	100				

Finalmente se obtiene el puntaje de cada candidato, primero multiplicando la valoración de cada característica por el peso relativo máximo de la misma. Luego se suman los puntajes obtenidos por cada candidato para obtener el total de puntos.

CRITERIOS DE DECISIÓN		Cristina González		Pablo Gómez	
Características	Peso relativo máximo	Valoración	Puntaje	Valoración	Puntaje
Edad de entre 35 y 40 años	10	*100%*	*10*	100%	10
Formación en mercadeo y ventas	10	*50%*	*5*	100%	10
Experiencia de 5 años en ventas	15	*100%*	*15*	100%	15
Capacidad de relacionamiento con clientes	15	*100%*	*15*	100%	15
Capacidad de liderar el equipo de la Gerencia Comercial	15	*50%*	*7,5*	100%	15
Capacidad de proponer estrategias comerciales eficaces	15	*100%*	*15*	50%	7,5
Disposición a asumir retos difíciles	20	*100%*	*20*	50%	10
Total de puntos	100		87,5		82,5

El candidato con mejores condiciones para ser contratado como Gerente Comercial, en un escenario crítico de pérdida de mercado es la Señorita Cristina González.

QUINTA PARTE
Semejanzas y diferencias. Categorizaciones

Semejanzas y diferencias

Cuando se deben comparar objetos para encontrar sus semejanzas y diferencias, ¿cómo se procede?

¿Se parte también de un Objetivo?

¿Se deben utilizar las características transformadas en criterios?

a. Objetivo

Volvamos al caso presentado antes:

"Tenemos el interés de consumir una fruta en el desayuno. Estamos ante la posibilidad de tomar una naranja o una manzana, y nos hemos establecido como objetivo comer una fruta en el desayuno, que contenga la mayor cantidad de vitamina C para fortalecer nuestras defensas contra las enfermedades del invierno".

- Identificamos el objeto de la decisión, que es *la fruta a consumir en el desayuno.*

- Identificamos la regla o criterio para la decisión identifica a la característica que se considerará, que es *escoger aquella fruta que contenga la mayor cantidad posible de vitamina C.*
- Identificamos la razón, para qué la decisión, que es *para fortalecer nuestras defensas contra las enfermedades del invierno.*

Entonces, la fruta que decidamos comer en el desayuno debe cumplir con el criterio de *aporte de la mayor cantidad de vitamina C*, según nuestro objetivo de *"comer una fruta en el desayuno, que contenga la mayor cantidad de vitamina C para fortalecer nuestras defensas contra las enfermedades del invierno".*

b. Criterio de comparación

¿Cómo las compararemos? ¿qué característica será el criterio de comparación?

¿Debe ser una característica en común?

¿Cuáles son las características intrínsecas de una fruta?

Tipo de alimento, peso en gramos, color, sabor, acidez, tamaño en centímetros, contenido de vitaminas, cantidad de vitamina C, contenido de minerales y precio unitario.

Comparemos las características intrínsecas de ambas frutas.

Criterio de Comparación	Manzana: M	Naranja: N	Semejanzas	Diferencias
Características				
Tipo de alimento:	Fruta	Fruta	Sí	No
Peso en gramos:	150	150	Sí	No
Color:	Rojo	Naranja	No	Sí
Sabor:	Dulce	Dulce	Sí	No
Acidez:	No	Sí	No	Sí
Tamaño en centímetros:	9	9,5	No	Sí
Contenido de	C,	C	Ambos vit C	M -- B

vitaminas:	complejo B			
Cantidad de vitamina C:	8 mg por 100 g.	200 mg por 100 g	No	N > Vit. C
Contenido de minerales:	Potasio	Calcio, magnesio	No	Sí
Precio unitario:	1 US$	1 US$		

Aquí podemos ver las semejanzas y las diferencias.

Ambas son semejantes en el tipo de alimento, peso en gramos, sabor y precio unitario.

Con relación al contenido de vitaminas, ambas frutas tienen semejanzas y diferencias. Se asemejan en que ambas poseen vitamina C, pero ser diferencian en que la manzana tiene vitaminas del complejo B, que no tiene la naranja.

Si bien ambas tienen vitamina C, no se asemejan en la cantidad. La diferencia está en el mayor contenido de vitamina C en la naranja.

Se diferencian en el color, la acidez, el tamaño en centímetros y contenido de minerales.

Sin embargo, habíamos dicho que el objetivo es *"comer una fruta en el desayuno, que contenga la mayor cantidad de vitamina C para fortalecer nuestras defensas contra las enfermedades del invierno"*.

Teniendo a la vista ese objetivo, ¿cuál de todas las características intrínsecas de las frutas será considerada como **Criterio** para la selección?

Objetivo: *comer una fruta en el desayuno, que contenga la mayor cantidad de vitamina C para fortalecer nuestras defensas contra las enfermedades del invierno*				

Criterio de Comparación	Manzana: M	Naranja: N	Semejanzas	Diferencias
Características				
Tipo de alimento:	Fruta	Fruta	Sí	No
Peso en gramos:	150	150	Sí	No
Color:	Rojo	Naranja	No	Sí
Sabor:	Dulce	Dulce	Sí	No
Acidez:	No	Sí	No	Sí
Tamaño en centímetros:	7 a 9	6 a 10	No	Sí
Contenido de vitaminas:	C, complejo B	C	Ambos vit C	M -- B

Cantidad de vitamina C:	8 mg por 100 g.	200 mg por 100 g	No	N > Vit. C
Contenido de minerales:	Potasio	Calcio, magnesio	No	Sí
Precio unitario:	1 US$	1 US$		

Considerando las características que serán los criterios de selección, la fruta que aporta la mayor cantidad de vitamina C es la naranja. Por lo tanto, la que será consumida con el desayuno.

Es importante puntualizar que la selección racional, objetiva puede no corresponderse con la decisión. Pueden existir otras consideraciones circunstanciales que no permitan decidir por lo seleccionado.

Decidí consumir una naranja con el desayuno para tener un mayor aporte de vitamina C. Sin embargo, acaba de consumirse la última naranja, por lo que consumiré manzanas.

Categorizaciones

Los objetos del pensamiento, sean personas, otros seres vivos, objetos, hechos o ideas, pueden organizarse según determinados criterios. Pueden agruparse por categorías.

Las categorizaciones tienen la utilidad de facilitar el análisis de diversas muestras, sean abstractas como los números, o físicas como los alimentos.

a. Objetivo

Observa detenidamente estas figuras:

¿Qué característica tienen en común?

Que son alimentos consumidos por la mayoría de los seres humanos.

Supongamos que nuestros objetivos sean agruparlos por:

1. Tipo de alimentos
2. Peso
3. Color externo

b. Criterio de categorización por una característica

¿Cuáles son sus características principales?

Tomemos las tres principales: tipo de alimento, peso en gramos y color externo.

Veamos las características de cada uno en una tabla.

Criterio de Comparación / Características	Pollo	Manzana	Pescados	Carne Vacuna	Limón	Zapallo	Guinda	Repollo	Pera
Tipo de alimento:	Carne	Fruta	Carne	Carne	Fruta	Verdura	Fruta	Verdura	Fruta
Peso en gramos:	1.900	150	1.500	1.000	60	2.400	15	1.800	140
Color externo:	Indefin.	Roja	Indefin.	Roja	Verde	Verde	Roja	Blanco	Verde

¿Pueden ser las características ser al mismo tiempo criterios para organizar los alimentos en categorías?

Si el **objetivo** es categorizarlos por tipo de alimentos, vemos que los tipos de alimentos que se encuentran en la muestra son carnes, frutas y verduras. Los agruparíamos de la siguiente manera:

. Carnes

. Frutas

. Verduras

Si el **objetivo** es categorizarlos por peso:

Los rangos de pesos varían de 15 a 1900 gramos. Podríamos agruparlos en pequeños y grandes, para lo que podríamos establecer un rango de hasta 150 gramos y más de 150 gramos.

. Hasta 150 gramos

. Más de 150 gramos

Si el objetivo es categorizarlos por el color externo, encontramos los colores roja, verde e indefinido:

. Rojo

. Verde

. Indefinido

Vemos que las características pueden ser criterios para agruparlos en categorías.

c. Criterio de categorización por varias características

¿Es posible categorizar las muestras según dos o más características?

Volviendo al ejemplo anterior, veamos las tres características:

- Tipo de alimento
- Peso en gramos
- Color externo

Combinemos las características tipo de alimento y peso en gramos.

Veamos como ejemplo las frutas.

Combinemos las frutas con la característica del peso en gramos.

Los gramos varían de 15 a 150 gramos. Establezcamos dos rangos de pesos: hasta 100 gramos y más de 100 gramos.

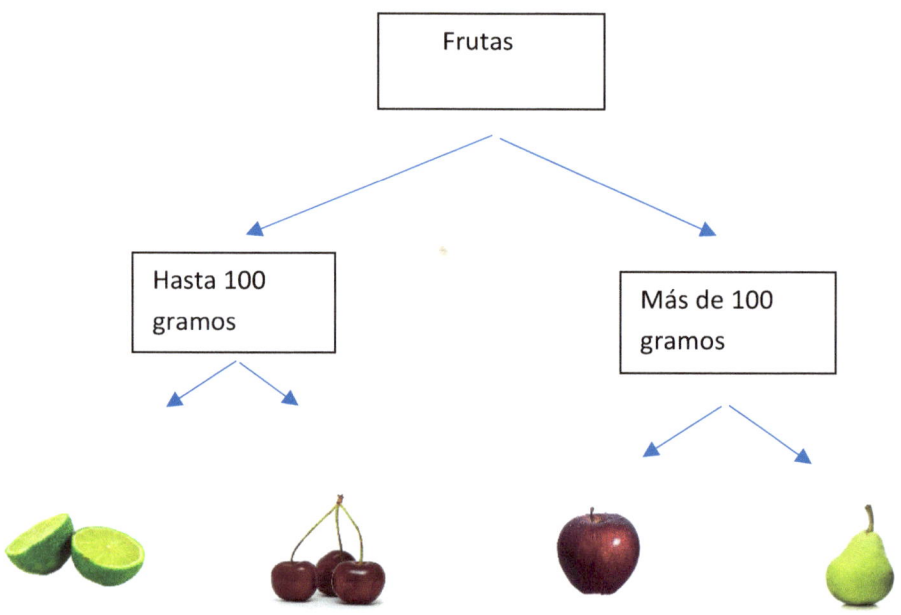

¿Es posible combinar las frutas con la característica del peso en gramos y el color externo?

Los gramos varían de 15 a 150 gramos. Establezcamos dos rangos de pesos: hasta 100 gramos y más de 100 gramos. Los colores pueden ser rojo o verde.

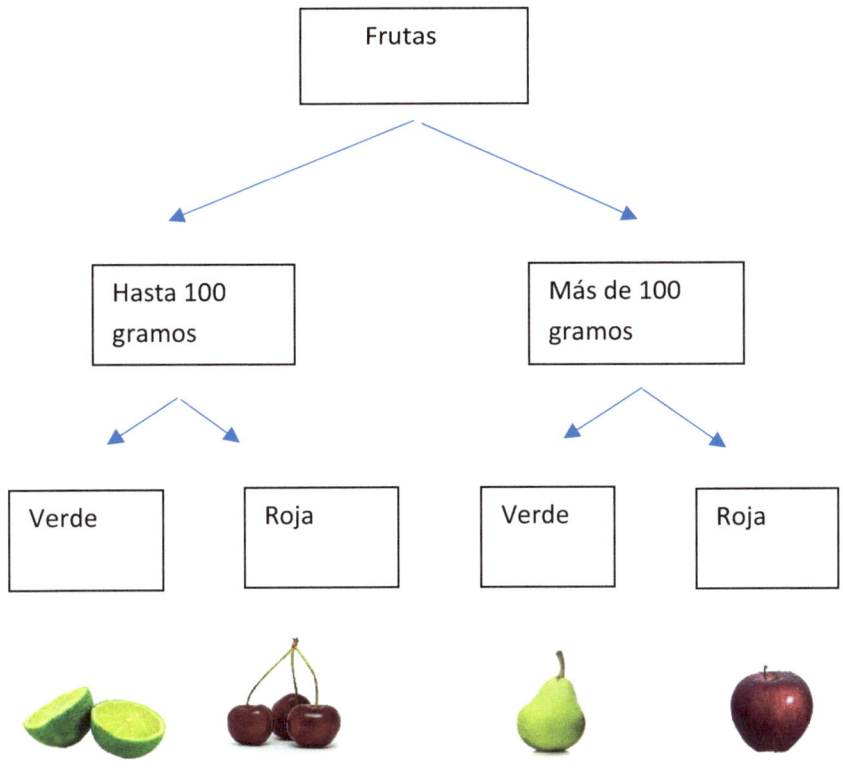

Así cada característica puede ser combinada para establecer categorizaciones de varios niveles.

Conclusión

El siguiente gráfico representa el modelo de toma de decisiones con criterio.

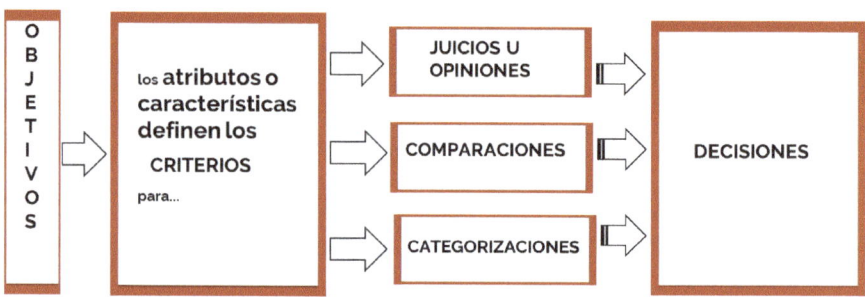

Se parte del objetivo.

A partir de los atributos o características del o los objetos que se analizarán, y considerando el objetivo, se pueden elaborar juicios u opiniones, comparaciones o categorizaciones, las que se utilizan para la toma de decisiones racional.

Bibliografía y fuentes

Gráficos tomados de pixabay.com

Juan Luis Urcolla Tellería en el libro Dirigir personas en tiempos de cambio, Editorial ESIC, Madrid, 1999

www.ingramcontent.com/pod-product-compliance
Lightning Source LLC
Chambersburg PA
CBHW040225220526
45473CB00001B/124